SPIRITUAL HEALING BOOKS Vol. 1

1日の始まりに開く本

スピリチュアル モーニング

江原啓之

写真 渡部さとる

飛鳥新社

はじめに

私たちは、この世を生きる旅人です。

旅の目的は、さまざまな経験を通して感動を得ることにあります。

感動とは、心が感じ動くこと。喜怒哀楽の感情すべてです。

私たちのたましいは、楽しいこともつらいことも含めた、新たな経験や感動を日々味わうことで、少しずつ磨《みが》かれ、成長していくのです。

そして、人はみな、現世で得た経験と感動をもって、いつの日かたましいの故郷に帰っていきます。

この世でそれぞれに与えられた旅の時間は有限です。だからこそ、今、目の前にある一日を、恐れることなく、前向きに生きることが大切なのです。

幸せは、遠い未来にあるのではありません。「今」この時にあるのです。


今日、あなたは、どんな朝を迎えましたか？

何か不安や心配事を抱えたままではありませんか？

充実した一日を送るためには、朝のスタートが肝心です。

昨日までのもやもやした気持ちや不安感は、なるべく早く消し去ってしまいましょう。

この本は、普段の忙しい生活の中でつい忘れてしまいがちなスピリチュアリズムの真理を思い起こさせると同時に、心や身体の疲れを癒《いや》すことを目的として作りました。

できればベッドサイドに置いて、毎朝、目が覚めて一時間以内にこの本を開くことをおすすめします。今日一日を、大胆にのびのびと、本当にあなたらしく過ごすためのヒントを与えてくれるはずです。

また、カバンに入れて、誰かと会う前、仕事の切り替えの間、あるいは何となくやる気を失った時や迷いが生じた時など、心が求めるままにこの本を開いてみてください。たまたま開いたページの言葉と写真を眺めてみるだけでもいいでしょう。

この本の使い方は、あなたの自由です。
今日という一日が、あなたにとって素晴らしい旅であることを願っています。

江原啓之

1日の始まりに開く本

Spiritual Morning

思いっきり深呼吸！

大きく息を吸って、
そして吐く。
昨日のネガティブなエナジーは、
吹き飛ばしてしまいましょう。

「おはよう！」
朝一番の音霊と言霊が、
今日の運命を切り拓《ひら》く。

忙しくても、
電車の中ででも、
たった5分でもいいのです。
今日一日の理想の姿を、
想いうかべましょう。

毎朝のメディテーションが、
今日のあなたを創り、
その積み重ねが、
未来のあなたを創るのです。

朝、何を食べましたか？

大地のエネルギーに満ちた
根菜や芋、豆などの
スピリチュアル・パワーフードは、
肉体を養い、
たましいに輝きを運んでくれる。

必要以上に食を求めたり、
食に充実を感じられない時は、
本当に栄養を求めているのは
「心」なのかもしれない。
人間の最高の栄養は「愛」なのです。

感謝のエナジーは、
いのちの輝きを生み、
幸せを引きよせる。

良い種を蒔《ま》けば、
幸せを刈りとることができる。
幸せになりたければ、
人を幸せにすればいい。

人生は念力とタイミング！

類は友を呼ぶ。

今日一日、
一歩だけでもいいから向上しよう。
輝いた人と出会うために。

今日こそ言おう、
「ごめんなさい」を。

不満の数を数える人は、幸せになれない。
感謝の数を数える人は、幸せになれる。

運命を拓《ひら》く合言葉。
創意、工夫、努力。

笑いましょう。
そして笑わせましょう。

笑いはどんなにネガティブなエナジーも
幸せに変えてくれる。

ボヤボヤしてたら死んじゃう！
今日一日を与えられたことに
感謝しよう。

ボヤボヤしてたら死んじゃう!
だから、へこたれてなんかいられない。

どんとこい！

人に悩みはない。
あるのは問題のみ。

踏みにじってくれる人がいるからこそ、
踏みにじられる経験を知り、
人を踏みにじらない人間に成長できる。
だから私は、何も恐れない。

人生には迷う時がある。
努力しても、上手く進まない時もある。
良い知恵が浮かばない時もある。
良き縁がつながらない時もある。

そんな時はただ、
「まだ時期ではない」だけ。

すべての出来事は、「因《いん》・縁《ねん》・果《か》」。
上手くいかないことには意味がある。
上手くいくことにも意味がある。

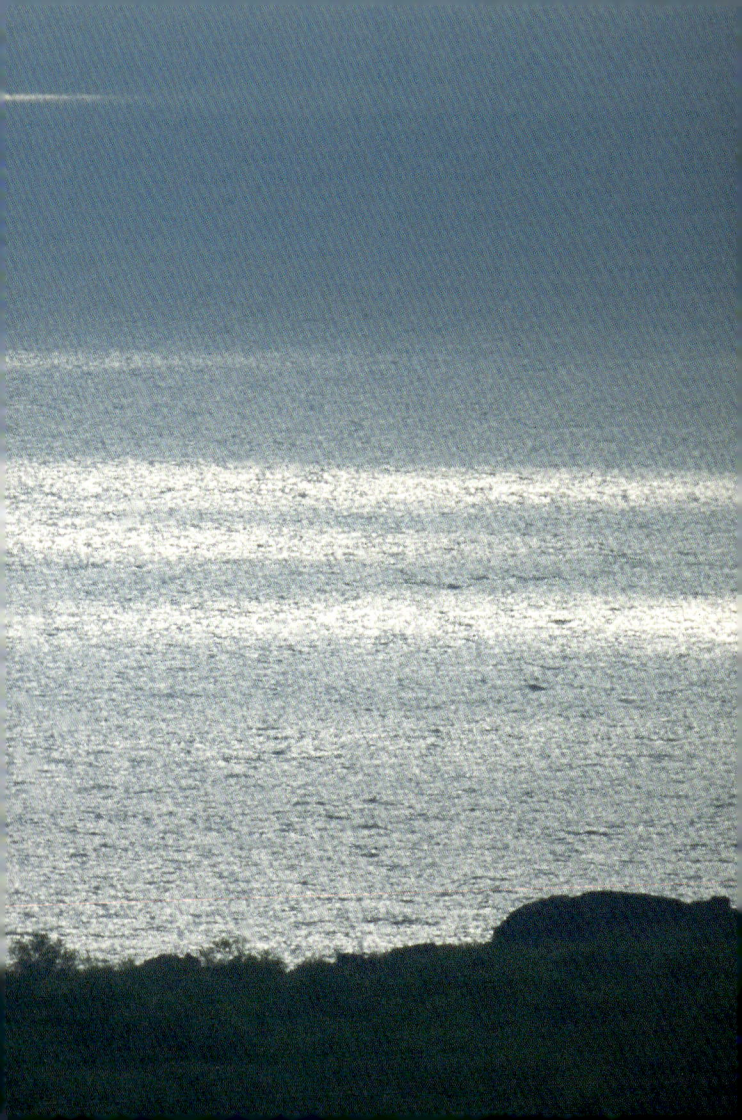

焦ってはいけない。

涙目で、ものごとを見てはいけない。
視点がぼやけ、真が見えない。
涙を拭《ぬぐ》ってこそ真が見える。

感情過多な視点は、真実を見《み》誤《あやま》る。
冷静な判断こそが大切である。

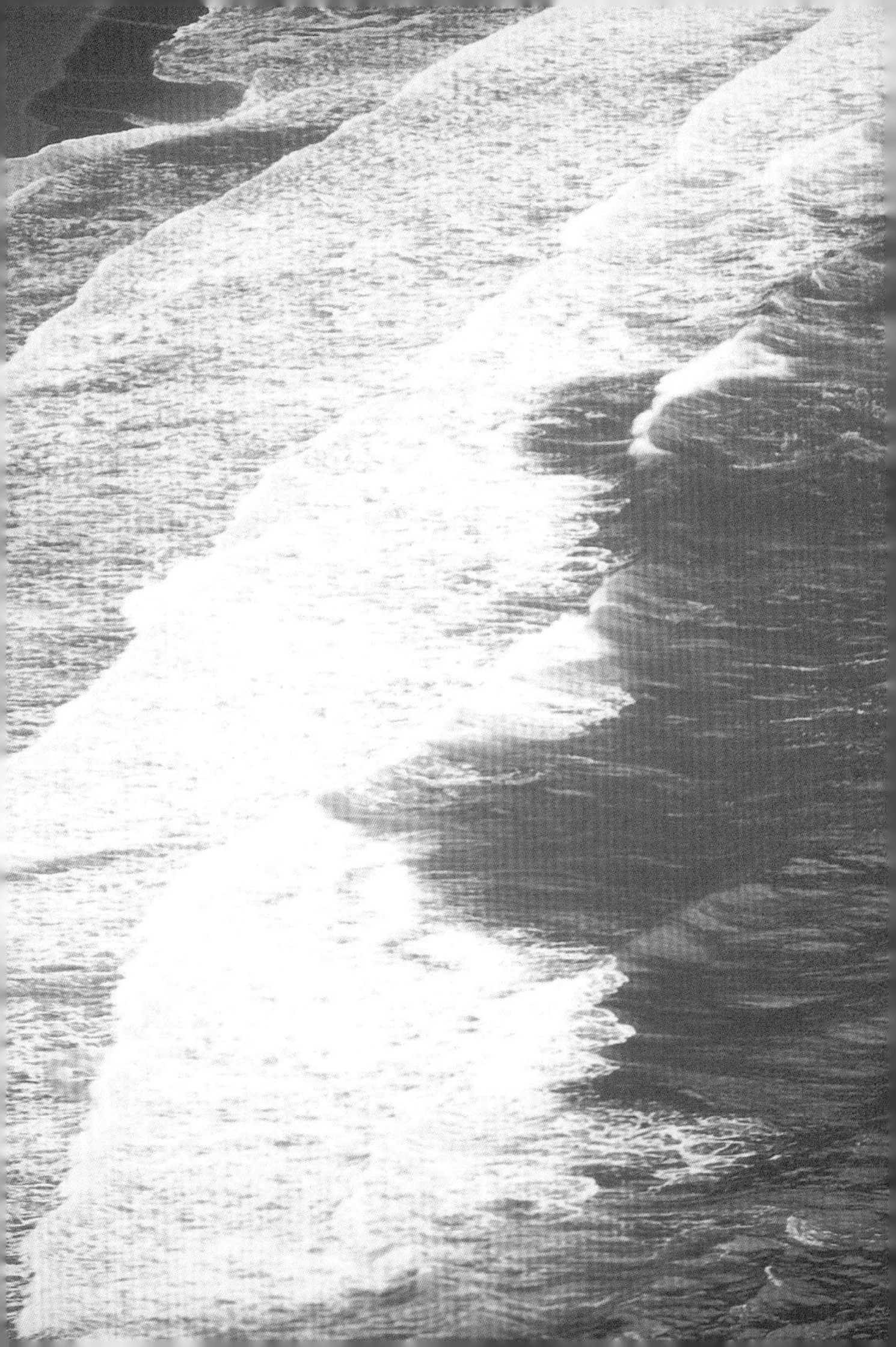

石から学ぶ。

私たちは傷ついたことを悲しむ必要はない。
石と同じように磨《みが》かれているのだから。

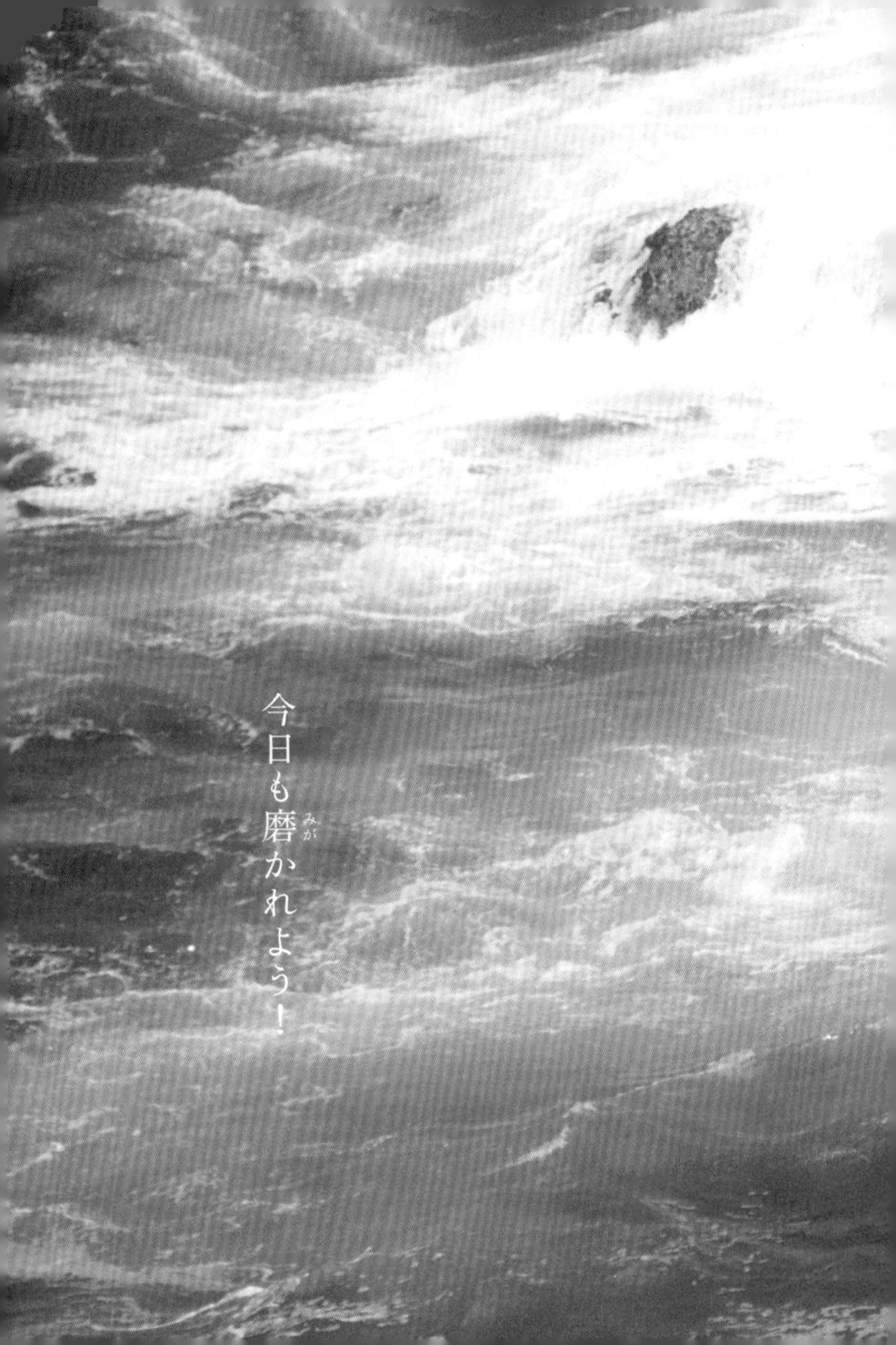
今日も磨《みが》かれよう！

私は小さき者でいたい。
小さき者とは、真の謙《けん》虚《きょ》さをもつ者。

「傷つく」という思いは「傲慢《ごうまん》」から生ずる。
自分が真に謙虚《けんきょ》であるならば、
傷つくことなど一切ない。
だって、人はだれでも「何様」でもないのだから。

人生に無駄《むだ》はない。

自信がないと嘆《なげ》くのはおかしい。
自信は、経験と感動を重ねることで
得られるものだから。
したことのない事柄に、
自信などあるわけがない。

だから今日も、自信を作るのだ。

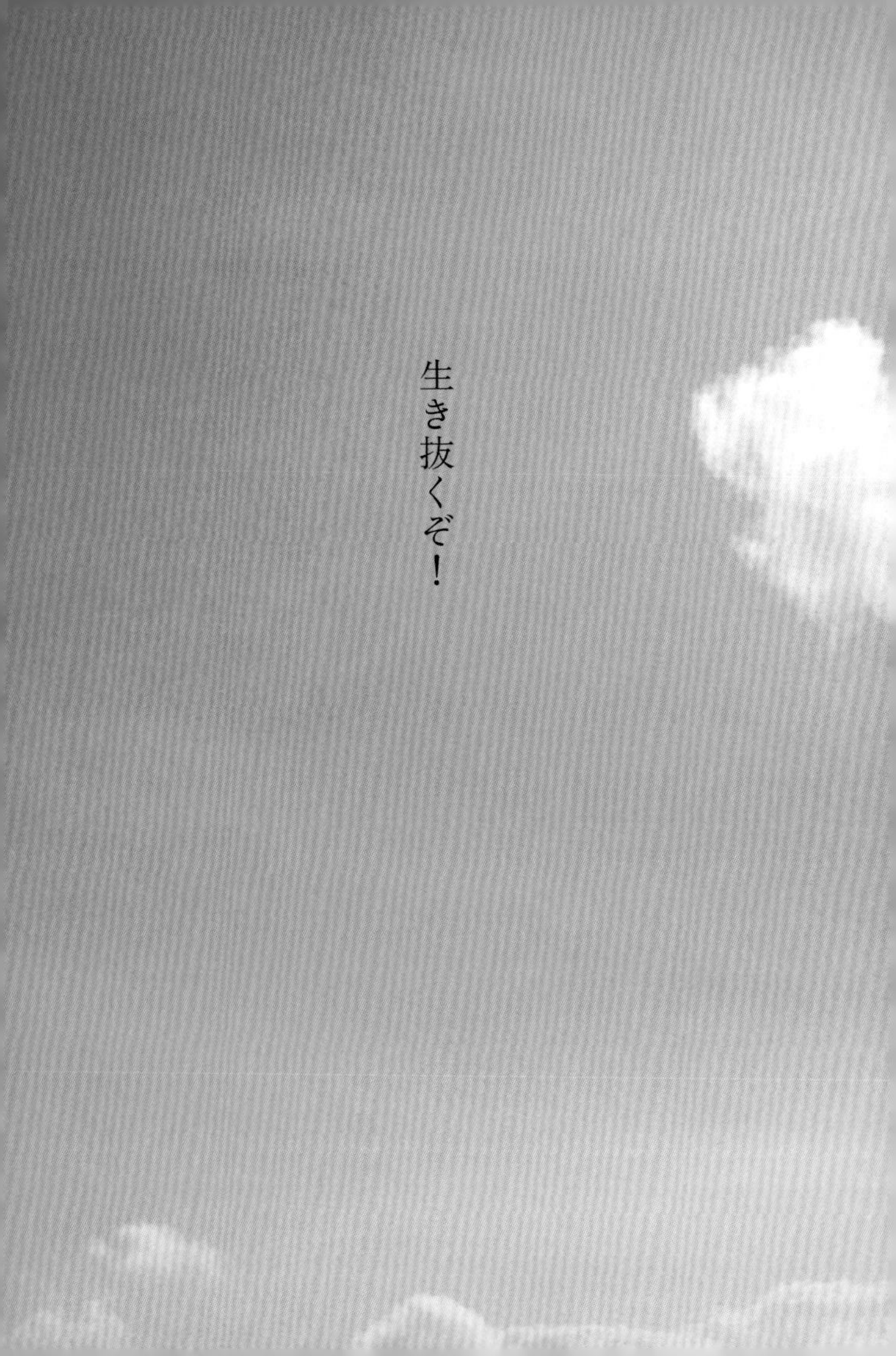
生き抜くぞ！

戒《いまし》めその一　怒り

目に映るすべては、我が心の映し出し。
怒りの感情を内観すれば、
自らの姿を正すことができる。

怒りは不毛。
波長を下げ、健康を害するだけ。

戒《いまし》めその二　悪口と卑下《ひげ》

この二つは同じこと。
私たち人類はすべて同胞であり、究極一つなのだ。
だから、人を悪く言うことは自分を悪く言うこと。
そして自分を卑下《ひげ》することは、
人の悪口を言うことと同じなのである。

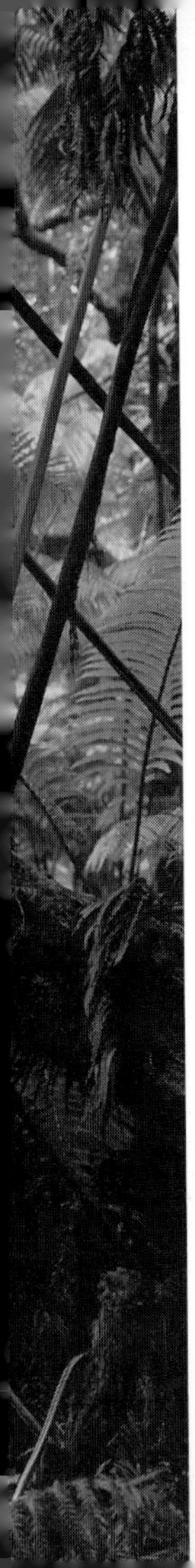

戒《いまし》めその三　自惚《うぬぼ》れ

みずからに備わる才能は、
過去世よりの学びのもと。
だから奢《おご》らず、自慢せず、
感謝し、還元すべきもの。
自惚《うぬぼ》れは、劣等感を生むだけである。

戒《いまし》めその四　妬み

運命と宿命は、いわば素材と料理。
人と比べたところで、素材は変わらない。
自分の素材を見つめ受け入れてこそ、
最高の料理ができる。
だからこそ人と比べているうちは、
ぜったいに幸せになれない。
それどころか、たましいを病み、肉体をも病む。
そのネガティブなオーラは、赤黒くよごれていく。

戒《いまし》めその五　貪欲《どんよく》

物は永遠の満足にはつながらない。
しかし、経験と感動は、
心に得た、永遠の宝である。
物欲に支配された時、
本当に求めているものは何かを確認しよう。

愛の電池が切れた時、
人は誤作動を引きおこす。

戒《いまし》めその六　色欲

愛におぼれそうな時、
それは自己を愛する愛欲ではないのかと
疑ってみよう。
親のような愛をもって、冷静な判断力を持ち、
たとえどんなにつらくとも、
相手のためであれば、つきはなすこともできる、
そんな強い本当の愛を持とう。

本当の愛とは、
ひたすらに相手を想うもの。
だからおぼれない。

戒《いまし》め その七　怠惰

休んではいけないということではなく、
動の時にも、静の時にも、
たとえどんな時にでも、心をこめて、
経験と感動を忘れないこと。

せっかく生まれてきたのだから。

泥の中に咲く花のように。

現世は未熟さの祭典。
まるで泥のように汚く感じることもある。
しかし泥ほど栄養分がある。
そして、そこは生命の息吹《いぶき》が輝くところ。
私のたましいも、その泥から栄養を得て、
蓮《はす》のように美しく咲く。

闇があるから、光がわかる。

小さな石(意志)。

たとえ小さな石でも、積み重ねれば
やがて立派な神殿となる。
私の小さな意志も、積み重ねれば
やがて大きな夢を実現できる。

ただの言葉は信じない。
行動こそが真実。

現世という旅は大冒険。
どんな困難も、意識ひとつで、
またとないチャンスに変わる。

今日一日を生きられる幸せを
存分に楽しもう！

孤独の中でも楽しもう！
病気の中でも楽しもう！
悲しみの中でも楽しもう！
迷いの中でも楽しもう！
怒りの中でも楽しもう！

山に登る道は様々。

想像力。

「北風と太陽」だったら、
私は太陽の道を選びたい。

気をつかうは、己を愛する小我《しょうが》。
気が利《き》くは、相手を愛する大我《たいが》。

祈ること。

パワー。

神は「愛」。

愛とは「真・善・美」。

心が痛むほどに
相手を愛してください。

大丈夫！
あなたは、見守られている。

思いっきり深呼吸！

江原啓之（えはら・ひろゆき）

スピリチュアル・カウンセラー。世界ヒーリング連盟会員。1964年、東京都生まれ。和光大学人文学部芸術学科を経て、國學院大学別科神道専修Ⅱ類終了。1989年にスピリチュアリズム研究所を設立。英国で学んだスピリチュアリズムも取り入れながら、出版、雑誌、テレビ、講演など多方面で活動を行う一方、スピリチュアル・アーティストとして『スピリチュアル・ヴォイス』公演を行う。音楽ＣＤ『スピリチュアル　ヴォイス』『スピリチュアル　エナジー』（ソニー・ミュージックダイレクト）をリリースし、声楽家としても実力が高く評価されている。著書多数。

■公式ホームページ　http://www.ehara-hiroyuki.com/
■携帯サイト　http://ehara.tv/

※手紙や電話による個人カウンセリングは現在受け付けておりません。

渡部さとる（わたなべ・さとる）

写真家。1961年山形県米沢市生まれ。日本大学芸術学部写真学科卒業後、日刊スポーツ新聞社に入社。スポーツ、報道写真を経験。同社退社後、スタジオモノクロームを設立。写真集に『午後の最後の日射　アジアの島へ』、著書に『旅するカメラ』『旅するカメラ２』（枻出版）がある。

編集　藤代勇人（飛鳥新社）
編集協力　大西香織
ブックデザイン　長坂勇司

1日の始まりに開く本

スピリチュアル モーニング

2006年10月19日　第1刷発行

著　者　江原啓之

写　真　渡部さとる

発行者　土井尚道

発行所　株式会社 飛鳥新社
東京都千代田区神田神保町3-10
神田第3アメレックスビル（〒101-0051）
電話03-3263-7770（営業）　03-3263-7773（編集）
http://www.asukashinsha.co.jp/

印刷・製本　日経印刷株式会社

ISBN4-87031-759-1